OPINION INTIME

DE

M. DE BISMARCK

SUR LA SITUATION

ET LES

DESTINÉES DE LA FRANCE

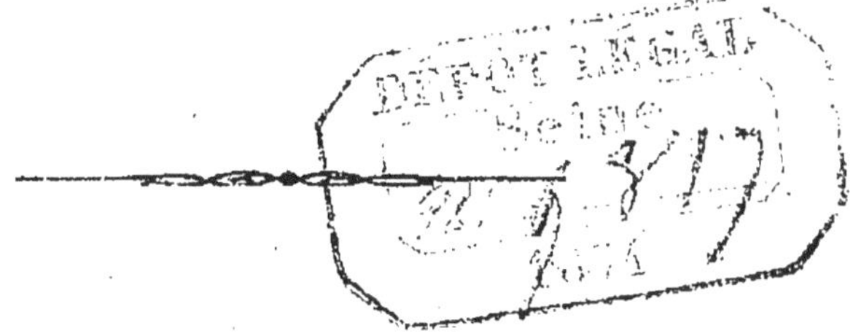

PARIS

AMYOT, ÉDITEUR, 8, RUE DE LA PAIX

1875

OPINION INTIME

DE

M. DE BISMARCK

SUR

LA SITUATION ET LES DESTINÉES DE LA FRANCE

Le gouvernement prussien, sur la requête de M. de Bismarck, grand chancelier de l'empire, a intenté un procès criminel à M. le comte d'Arnim, ambassadeur d'Allemagne à Paris depuis la paix jusqu'en 1874, pour avoir détourné et refusé de rendre des documents diplomatiques considérés comme propriétés de l'État.

Les pièces détournées forment deux séries.

La première contient la correspondance secrète sur les affaires de la France avec l'Allemagne ;

La seconde renferme les documents relatifs au conflit engagé par M. de Bismarck contre la papauté et l'organisation du catholicisme.

L'opinion publique, en Allemagne, considérait le comte d'Arnim avec sympathie ; on voyait en lui la victime de l'inimitié puissante de M. de Bismarck. Il devint indispensable d'affirmer sa culpabilité en publiant quelques-unes des pièces soustraites et ressaisies, après perquisition, au domicile de l'inculpé.

Nous publions une de ces pièces, parmi beaucoup d'autres du même genre, pour montrer que la proclamation de la République en France serait la pire calamité qui pût nous atteindre.

Cette dépêche de M. de Bismarck est datée du 20 décembre 1872; elle a été lue à l'audience du procès du comte d'Arnim du 20 décembre 1874; elle est classée sous le numéro 164.

LETTRE DE M. DE BISMARCK

M. de Bismarck, après avoir rappelé la nécessité pour l'ambassadeur à Paris d'adopter les instructions venues de Berlin, s'exprime en ces termes :

« Il est probable, selon moi, que les payements de l'indemnité auront lieu si M. Thiers reste au pouvoir, ou si du moins les affaires gouvernementales suivent un cours régulier et légal; mais je crains que nous ne soyons forcés de tirer de nouveau l'épée pour obtenir ce qui nous est dû si des bouleversements violents amènent une république et donnent le pouvoir à des hommes d'une autre catégorie. En raison de cette éventualité, il est de notre intérêt de ne pas affaiblir nous-mêmes le gouvernement actuel et de ne pas contribuer à sa chute.

« Les choses marcheraient autrement et d'une façon qui ne serait pas *non plus désirable pour nous, je le crains*, si, avant le payement de l'indemnité et l'évacuation du territoire français, un des prétendants s'emparait du pouvoir. On nous prierait alors d'une façon amicale de favoriser le développement *du jeune germe monarchique* (1) en faisant à la monarchie, au point de vue du payement et de l'évacuation, des concessions que nous aurions refusées à la République.

« Nous pourrions, il est vrai, refuser d'agir ainsi, mais je craindrais que d'autres cabinets, et notamment des cabinets qui nous sont sympathiques, ne nous recommandassent d'une manière plus ou moins pressante d'avoir des égards pour l'élément monarchique en France.

(1) Évidemment M. de Bismarck fait allusion, en 1872, au jeune Prince impérial.

« Bien que l'on soit trop sage à Londres, à Saint-Pétersbourg et à Vienne pour croire qu'une France monarchique soit moins dangereuse pour nous que la domination des partis républicains dans ce pays, on aurait trop intérêt à faire semblant de le croire, vu les avantages que l'on voudrait obtenir dans un autre sens, pour ne pas nous faire ressentir sous ce prétexte le désagrément que cause notre situation actuelle et le transfert des milliards de la France en Allemagne, incommode pour tout le monde, excepté pour nous. *Il en résulterait bientôt un groupement des États européens très-gênant pour nous, lequel exercerait d'abord sur nous une pression amicale, pour nous faire renoncer à une partie des avantages que nous avons acquis.*

« Il est possible qu'il se produise plus tard, sans cela, des phénomènes analogues; mais nous n'avons certainement pas *pour devoir de rendre la France puissante en consolidant sa situation intérieure et en y établissant une monarchie en règle, ni de rendre la France capable de conclure des alliances avec des puissances qui ont jusqu'à présent avec nous des relations d'amitié.*

« *L'inimitié de la France nous oblige de désirer*

qu'elle reste faible, et nous agissons d'une manière très-désintéressée en ne nous opposant pas avec résolution et par la force à l'établissement d'institutions monarchiques solides, tant que le traité de paix de Francfort n'aura pas été complétement exécuté.

« Mais si notre politique extérieure contribuait sciemment à renforcer par l'union intérieure l'ennemi du côté duquel nous devons redouter la prochaine guerre et à le *rendre capable de conclure des alliances en lui fournissant une monarchie*, on ne saurait cacher trop soigneusement les actes accomplis dans ce sens ; car ils causeraient dans toute l'Allemagne un mécontentement juste et véhément, et exposeraient peut-être à des poursuites de la part de la justice criminelle le ministre responsable qui aurait suivi une politique si hostile au pays.

« Ces considérations se rattachent à une autre erreur déjà signalée qui conduit Votre Excellence à des déductions politiques inexactes. Votre Excellence croit et a dit de vive voix à Sa Majesté que le maintien des institutions républicaines en France est dangereux pour les institutions monarchiques de l'Allemagne.

« Je suppose que Votre Excellence n'aurait pas éprouvé cette crainte si les affaires extérieures n'avaient occupé toute son attention pendant ces dernières années, et qu'un plus long séjour en Allemagne et au centre de l'administration allemande vous eût mis en état d'acquérir une idée exacte de la situation. Votre Excellence dit dans son dernier rapport que des relations existent entre la démocratie française et l'Allemagne du Sud. Cette remarque ne saurait être plus nouvelle pour vous que pour nous.

« Depuis quarante ans les archives de toutes les administrations de l'Allemagne et de l'étranger, et, en particulier, comme je le suppose, celles de l'ambassade d'Allemagne à Paris, que vous avez à votre disposition, contiennent à ce sujet des renseignements volumineux et regrettables.

« La démocratie française a, depuis la révolution de juillet, et même depuis plus longtemps, des relations non-seulement avec l'Allemagne du Sud, mais aussi, et cela d'une façon plus animée et plus étendue, avec la Suisse et la Belgique, l'Angleterre et l'Italie, l'Espagne, le Danemark et la Hongrie, et notamment avec la Pologne.

« L'intensité de ces relations a presque toujours été proportionnelle au prestige de la France en Europe, car aucun gouvernement monarchique de la France n'a dédaigné, tout en combattant très-énergiquement la démocratie française, de prolonger l'action de cet instrument vis-à-vis des autres États, et surtout vis-à-vis de l'Allemagne. On renouvelle sur ce point ce que l'on a fait jadis lorsqu'on opprimait les protestants en France et qu'on les soutenait en Allemagne, et lorsque la politique du roi très-chrétien Louis XIV était favorable à la Turquie.

« *Je suis persuadé qu'aucun Français ne songerait jamais à nous aider à reconquérir les bienfaits d'une monarchie, si Dieu faisait peser sur nous les misères d'une anarchie républicaine.* C'est une qualité éminemment allemande que de montrer une pareille bienveillance pour le sort d'un voisin ennemi.

« Mais le gouvernement de Sa Majesté a d'autant moins de raisons de suivre ce penchant naturel, que tout le monde connaît les conversions colossales opérées depuis l'*experimentum in corpore vili*, fait avec la Commune sous les yeux de l'Europe. Des rouges (1) sont devenus des libéraux modérés, et ceux-ci sont devenus des conservateurs. La France nous sert d'exemple salutaire.

« Si la France représentait devant l'Europe un second acte du drame interrompu de la Commune (chose que je ne désire point, par humanité), elle contribuerait à faire apprécier davantage aux Allemands les bienfaits d'une constitution monarchique et augmenterait leur attachement aux institutions de la monarchie.

« Nos besoins exigent que la France nous laisse en paix et que nous l'empêchions, au cas où elle ne voudrait pas respecter la paix conclue, de trouver des alliances. *Tant qu'elle n'aura pas d'alliés, nous n'aurons rien à craindre d'elle.*

« Tant que les monarchies (2) marcheront d'accord, la république ne pourra rien leur faire.

(1) Il s'agit des rouges en Allemagne.

(2) Il s'agit des monarchies en Europe ; l'Empereur d'Allemagne, l'Empereur de Russie, l'Empereur d'Autriche, constituent principalement les représentants des monarchies dont parle M. de Bismarck.
Monarchie selon lui est synonyme d'Empire.

C'est *pour cette raison que la république française trouvera très-difficilement un allié parmi les États monarchiques*. Ceci est ma conviction, et elle m'empêchera de conseiller à Sa Majesté de contribuer à encourager le droit monarchique en France, qui implique pour nous un raffermissement de l'élément ultramontain qui nous est hostile.

« Je regrette vivement la différence d'opinion qui nous divise et qui est relative aux principes fondamentaux de notre politique; je manquerais à mes devoirs si je ne vous l'avouais pas.

« Cette différence d'opinion disparaîtrait peu à peu si vous réfléchissiez toujours mûrement sur les affaires franco-allemandes avant de rédiger vos rapports, que je suis forcé de soumettre à Sa Majesté, rapports qui vous servent, suivant les circonstances, de pièces justificatives devant le Parlement et devant les cabinets étrangers.

« Par suite des scrupules que j'éprouve, je me permets l'observation suivante :

« Vous dites dans votre rapport n° 16 que l'on croit que le gouvernement allemand entretient des relations directes avec Gambetta. Si Votre Excellence se rappelait que le gouvernement est dirigé en première ligne par la personne du roi, elle conviendrait que cette allégation contient une offense (*kraenkung*) personnellement pénible à Sa Majesté ; mais si vous croyez néanmoins devoir la placer, dans l'intérêt du service, dans un rapport officiel, il me paraît que vous devriez être plus explicite et ne pas parler d'un simple « on ». Vous devriez aussi mieux démontrer l'utilité de pareilles insinuations que vous ne l'avez fait.

« Votre Excellence trouverait certainement déplacé que je me permisse de me faire, dans mes dépêches officielles, l'écho de simples bruits qui pourraient courir d'une manière analogue sur l'ambassade allemande à Paris, bruits pareils à celui suivant lequel le gouvernement impérial allemand aurait des relations avec Gambetta.

« Si je faisais, pour les besoins du service, de pareilles allusions dans mes dépêches officielles, je me baserais certainement sur une autorité digne de foi, que je pourrais au besoin nommer.

« *Signé :* DE BISMARCK. »

On se demande pourquoi M. de Bismarck a laissé livrer à la publicité ses pensées intimes sur la France.

En voici les raisons :

Le parti de la cour, auquel appartient M. d'Arnim est appuyé auprès de S. M. l'Empereur d'Allemagne par la bienveillante intervention de l'Impératrice Augusta ; M. de Bismarck, pendant une maladie très-grave qui a failli l'emporter il y a quelques mois, avait compris qu'il serait remplacé dans les conseils du souverain par l'influence de ses ennemis ; il a entrevu ses intentions méconnues, son prestige et sa gloire attaqués, sa renommée amoindrie, et il a résolu de terrasser ses adversaires en prouvant à la nation allemande que son patriotisme (1) était à la hauteur de son génie, et qu'il planait dans des sphères où la grandeur et les intérêts de l'Allemagne dominaient seuls.

Le résultat répondra-t-il à ses espérances ?

Quant à la portée de son langage en France, M. de Bismarck ne s'en est pas ému : il nous juge par nos actes, et il lui a paru indifférent de déclarer que la République serait la condition fatale de notre sujétion et de notre impuissance. Les orgies de la Commune et les incendies de Paris ont-ils empêché les radicaux de triompher en masse aux élections ? et la République vaudra-t-elle moins parce qu'elle sera connue pour un fléau ?

(1) C'est du cynisme et non du patriotisme.

Hélas ! qui oserait l'affirmer ?

La dépêche de M. de Bismarck se résume en peu de mots :

« L'Allemand vainqueur est le partisan
« le plus zélé de la forme Républicaine
« en France ; elle est pour lui la réalisa-
« tion farouche et brutale de l'impréca-
« tion du conquérant barbare :

MALHEUR AUX VAINCUS !

2956 — Paris, imp. Jouaust, rue Saint-Honoré, 338.